BEI GRIN MACHT SICH IHR WISSEN BEZAHLT

- Wir veröffentlichen Ihre Hausarbeit,
  Bachelor- und Masterarbeit

- Ihr eigenes eBook und Buch -
  weltweit in allen wichtigen Shops

- Verdienen Sie an jedem Verkauf

Jetzt bei www.GRIN.com hochladen und kostenlos publizieren

GRIN

Bibliografische Information der Deutschen Nationalbibliothek:

Die Deutsche Bibliothek verzeichnet diese Publikation in der Deutschen National-
bibliografie; detaillierte bibliografische Daten sind im Internet über http://dnb.d-
nb.de/ abrufbar.

Impressum:

Copyright © 2017 GRIN Verlag
Druck und Bindung: Books on Demand GmbH, Norderstedt Germany
ISBN: 9783668674684

Dieses Buch bei GRIN:

https://www.grin.com/document/418555

Robin Jäger, Karl Moldovi, Jens Grobecker

Produkteinführung BMW i3. Marktanalyse und Marketing-Mix

Eine Fallstudie

GRIN Verlag

GRIN - Your knowledge has value

Der GRIN Verlag publiziert seit 1998 wissenschaftliche Arbeiten von Studenten, Hochschullehrern und anderen Akademikern als eBook und gedrucktes Buch. Die Verlagswebsite www.grin.com ist die ideale Plattform zur Veröffentlichung von Hausarbeiten, Abschlussarbeiten, wissenschaftlichen Aufsätzen, Dissertationen und Fachbüchern.

Besuchen Sie uns im Internet:

http://www.grin.com/

http://www.facebook.com/grincom

http://www.twitter.com/grin_com

Fallstudie zur Produkteinführung des BMW i3

von Karl Moldovi, Robin Jäger und Jens Grobecker

Abgabedatum: 31.12.2016

I.   Inhaltsverzeichnis

II.   Abbildungsverzeichnis

III.   Abkürzungsverzeichnis

USP   Unique Selling Proporsition

1. Einleitung

1.1. Problemstellung und Zielsetzung der Arbeit

Den größten Anteil am verarbeitenden Gewerbe in der Bundesrepublik Deutschland hat die Automobilbranche. Mit 404 Mrd. Euro Umsatz und in 2015 mit ca. 790.000 Arbeitnehmern trägt sie einen großen Anteil zur deutschen Gesamtwirtschaft bei. Dreiviertel des Gesamtumsatzes werden von den Fahrzeugherstellern generiert, der Rest durch die Zulieferer erwirtschaftet. Zu den größten Automobilherstellern in Deutschland nach Anzahl der produzierten Fahrzeuge zählen Marken der Konzerne Volkswagen Group, Daimler AG und die BMW Gruppe. Die BMW Group ist die Tochtergesellschaft der im DAX vertretenen bayrischen Motorenwerke AG mit den Fahrzeugproduzenten Rolls-Royce, MINI sowie den Submarken BMW M und BMW i. Eine zentrale Säule des weltweiten Erfolges von BMW ist ihre Innovationsbereitschaft. Diese Bereitschaft, immer neue Produkte und Technologien zur Marktreife zu treiben, ist für BMW notwendig, um auch in Zukunft den wirtschaftlichen Erfolg zu sichern. Denn die Automobilindustrie sieht sich vor mehrere Probleme gestellt.[1]

Fossile Brennstoffe, wie gasförmige, flüssige oder feste Brennstoffe sind endlich. Zwar sind Schätzungen, ab welchem Zeitpunkt fossile Energieträger endgültig aufgebraucht sind schwierig, da dies von verschiedenen Faktoren, wie zum Beispiel Bevölkerungswachstum, abhängig ist, aber früher oder später werden die bestehenden Quellen erschöpft sein.[2] Gleichzeitig zum schrumpfenden Bestand der fossilen Brennstoffe wächst Studien zufolge in der Gesellschaft das Bewusstsein für Nachhaltigkeit zum Schutz der Umwelt und auch die Urbanisierung.[3]

Eine Antwort auf die Behebung dieses Missstandes sollte im Jahr 2013 die Produkteinführung eines neuen Elektrofahrzeuges sein, nämlich die des BMW i3. Die zentrale Frage dieser Arbeit ist, wie der BMW i3 im Jahr 2013 eingeführt wurde. Die daraus abgeleiteten Fragen, wie die Gestaltung des Marketing-Mix, welche Strategie gewählt

---

[1] Vgl. o.V.; 2016; www.bmwi.de
[2] Vgl. o.V.; o. J.; www.erende.org
[3] Vgl. o.V.; 2016; www.greenpeace.de

wurde und wie die Unternehmensumwelt zum damaligen Zeitpunkt gestaltet war, werden im Laufe der Arbeit beantwortet.

1.2. Vorgehensweise

Im ersten Kapitel der Fallstudie wird zum einen das Produkt genauer vorgestellt, zum anderen aber auch die darin verbaute Technologie, um hiermit die Frage zu beantworten, was dieses Produkt von der herkömmlichen Technologie unterscheidet, die bereits auf dem Markt existiert. Im darauffolgenden Kapitel widmet sich die Fallstudie der Frage, welche Rahmenbedingungen zum Zeitpunkt der Markteinführung bestanden. Zunächst wird beantwortet, welche zentrale Kundengruppe mit dem Produkt angesprochen wird und anschließend, welche Wettbewerber existieren und welche Auswirkungen es auf die Branche hat. Die daraus resultierten Ergebnisse werden dann im Modell nach Porter die eigentliche Marktstrategie für das Produkt darstellen. Die Entscheidung des getroffenen Marketingmix zur Produkteinführung wird in Kapitel 3 dargestellt, um im anschließenden Kapitel 4 die eigentliche Produkteinführung darzulegen. Im abschließenden Fazit wird analysiert ob die Produkteinführung seitens BMW von Erfolg gekrönt ist.

1.3. Produktvorstellung

Der am 29.7.2013 der Weltöffentlichkeit vorgestellte und seit November 2013 erhältliche BMW i3 ist das erste Serienfahrzeug der BMW Group, das rein elektrisch angetrieben wird.[4] Für den Antrieb des Fahrzeugs sorgt ein ca. 50 kg schwerer und im Heck befindlicher Elektromotor mit einer Höchstleistung von 125kW/170 PS. Dieser erzeugt ein maximales Drehmoment von 250 Newtonmeter und übertägt die Kraft an die Hinterräder. Der Elektromotor erhält seine Energie aus Lithium-Ionen-Speicherzellen. Der 230 kg schwere Hochvoltspeicher besteht aus 8 Modulen mit

---

[4] Vgl. o. V.; o. J.; www.kfztech.de

jeweils 12 Einzelteilen und erzeugt eine Nominalspannung von 360 Volt und stellt somit eine Energiemenge von ca. 22 Kilowattstunden bereit.[5]

Um eine optimale Betriebstemperatur von ca. 20 Grad Celsius für die Batterien bereitzustellen wird das Kühlmittel der Klimaanlage mitgenutzt. Das Mittel lässt sich mit dem im BMW i3 verbauten Wärmetauschers auch erhitzen um bei kälteren Umgebungstemperaturen die Baterie vor Fahrtantritt aufzuwährmen. Diese Maßnahmen sorgen für die optimalen Bedingungen und verlängern die Leistungsfähigkeit, die Reichweite und Langlebigkeit des Hochvoltspeichers.[6] Die BMW Group gibt auf die Batterie eine Garantie von acht Jahren oder 100.000 Kilometer.[7]

Das Aufladen der Akkus kann über eine haushaltsübliche Steckdose erfolgen. Alternativ hierzu kann sich der Endkunde eine „BMW i Wallbox" installieren lassen. Die Wallbox nutzt für das Aufladen, die maximale im Haushalt verfügbare Stromstärke und kann somit nach ca. sechs Stunden die leeren Akkus komplett aufladen. Die Wallbox gibt es je nach Land in unterschiedlichen Ausführungen, die auf die Stromstärken und -spannungen abgestimmt sind. Zusätzlich hierzu kann der BMW i3 an öffentlichen Schnellladevorrichtungen aufgeladen werden. An diesen kann in ca. 30 Minuten eine entladene Batterie zu 80 % geladen werden.[8]

Die Reichweite des BMW i3 beträgt, je nach Fahrweise, ca. 170 km. Die Reichweite kann durch den zusätzlichen Verbau eines Range Extenders (Reichweitenverlängerers) auf bis zu 330 km gesteigert werden. Der Range Extender ist ein zwei Zylinder Benzinmotor der nur als Generator fungiert und den Ladezustand des Akkumulators konstant hält um eine größere Reichweite zu garantieren.[9] Der Ottomotor wird direkt neben dem Elektromotor über der Hinterachse verbaut und hat somit auf das

---

[5] Vgl. o. V.; o. J.; www.bmw.de/de/neufahrzeuge/bmw-i
[6] Vgl. o. V.; o. J.; www.kfztech.de
[7] Vgl. o. V.; o. J.; www.bmw.de/de/neufahrzeuge/bmw-i
[8] Vgl. o. V.; 2013; www.springerprofessional.de/automobil
[9] Vgl. o. V.; o. J.; www.bmw.de/de/neufahrzeuge/bmw-i

Kofferraumvolumen keinen Einfluss. Der Benzintank ist im Frontbereich verbaut und fasst neun Liter.[10]

Neben den leistungsstarken Batterien und dem Range Extender sorgen zahlreiche Innovationen für einen geringen Stromverbrauch, um eine große Reichweite zu sichern. So wird der Innenraum bei niedrigen Temperaturen über eine Wärmepumpe geheizt. Diese verbraucht rund 30 % weniger Energie als eine herkömmliche Heizung. Die Fahrgastzelle beteht aus carbonfaserverstärktem Kunststoff. Das Fahrwerk besteht aus einem aluminium Modul. Diese Neuerungen kompensieren die schwere Batterie und sorgen für ein Leergewicht von 1195 kg.[11]

Zusätzlich haben die Antriebsentwickler des BMW i3 das One-Pedal-Feeling entwickelt. Sobald der Fahrer den Fuß vom Gaspedal nimmt, setzt der Rekuperationsmodus ein: Der Elektromoter wird vom Antriebsmotor zum Generator und läd den Akku. Zusätzlich setzt eine kontrollierbare Bremswirkung ein. Die Rekuperation ist geschwindigkeitsabhängig: bei niedrigem Tempo ist die Bremswirkung größer, bei hohen Geschwindigkeiten setzt ein „Segelmodus" ein, sobald der Fuß das Gaspedal schwächer betätigt. In diesem Segelmodus gleitet der i3 ohne Nutzung des Elektromotor und ohne Belastung der Akkus.[12]

Zusätzlich zeichnet sich der BMW i3 durch technische Feinheiten wie 360-Grad-Mobility aus. Dieses ist ein Navigationssystem das den Fahrer über Staus und optimale Routen informiert und somit beste Mobilität garantieren soll. Diverse Assistenzsysteme halten durch automatisches Bremsen und Beschleunigen den Abstand zu vorrausfahrenden Fahrzeugen. Ein Spurhalteassistent hilft dem Fahrer innerhalb der

[10] Vgl. o. V.; o. J.; www.springerprofessional.de/automobil
[11] Vgl. o. V.; o. J.; www.bmw.de/de/neufahrzeuge/bmw-i
[12] Vgl. ebd.

Fahrbahnmarkierung zu bleiben. Die Einparkhilfe kann dem Fahrer das parken komplett abnehmen.[13]

2. Marktanalyse und Strategie

2.1. Zielgruppenanalyse

Die Zielgruppenanalyse gibt Aufschluss über die effektiven und potenziellen Gruppen oder Menschen, die mit einem bestimmten oder mehreren Marketinginstrumenten angesprochen werden sollen. Hier unterscheidet man nach 4 verschiedenen Arten der Zielgruppe:

- Soziodemographische Zielgruppe (Geschlecht, Bildung oder Alter)
- Zielgruppe anhand verhaltensorientierter Merkmale (Erstkäufer, Intensivverwender)
- Zielgruppe anhand psychologischer Merkmale (z. B. innovationsfreudig oder sicherheitsorientiert)
- Zielgruppe anhand medienorientierter Merkmale (Nutzer von bestimmten Medien)[14]

Nach der Studie „Kaufpotenzial für Elektrofahrzeuge bei sogenannten Early Adopter" sind die typischen Käufer von Elektrofahrzeugen, gut ausgebildete Männer zwischen 40 und 50 Jahren. Meist haben Sie ein gutes Einkommen, sind technisch versiert und leben in einem Mehrpersonenhaushalt höchstwahrscheinlich auf dem Land oder in der Vorstadt. Diese Käufergruppe allein, wird aber nicht ausreichend sein, weshalb Wissenschaftlerinnen und Wissenschaftler eine weitere mögliche Käufergruppe bestimmen: Wichtiger könnten in Zukunft Männer über 50 Jahren werden. Durch den demographischen Wandel wird das Alter der potenziellen Käufer in den nächsten Jahren ansteigen. Dazu gehören demnach auch Personen im Ruhestand.[15] Die BMW Group versucht mit

---

[13] Vgl. Mechnich; 2013; www.tagespiegel.de
[14] Vgl. Prof. Dr. Kirchgeorg; 2016; www.wirtschaftslexikon.gabler.de
[15] Vgl. o. V.; 2012; www.isi.fraunhofer.de

der Unterkategorie „BMW i" vor allem Käufer anzusprechen, die noch nicht im klassischen BMW-Portfolio vertreten sind. Dazu zählen Kunden, die viel Wert auf Technik legen und in deren Lifestyle das Selbstverständnis für den Schutz der Umwelt verankert ist. Dieser Zielgruppe ist es nicht gleichgültig, wie Dinge hergestellt, publiziert oder recycelt werden.[16] Somit sollen nicht nur die klassischen BMW-Käufer angesprochen werden, sondern auch, eine junge und urbane Zielgruppe. Auf Facebook hat der BMW i3 bereits heute über 1,4 Millionen Fans, die sich dort einfach und komfortabel ihren i3 konfigurieren und sich für eine Testfahrt registrieren können.[17]

2.1.1. Charakterisierung der Kaufentscheidung eines Endkunden im Automobilhandel

Eine Kategorisierung des Kaufverhaltens erfolgt im Rahmen der Typologie nach Ruhfus. Hier werden Waren anhand eines Merkmalkatalogs in Convenience-, Shopping- und Speciality-Goods eingestuft, die sich in dieser Abfolge durch einen steigenden Grad der Kollektivität und die abnehmende Wichtigkeit anderer Kaufprogramme auszeichnen. Nach den 8 Kriterien von Ruhfus ist der BMW i3 den Speciality-Goods zuzuordnen, weil er folgende Merkmale erfüllt:

- **Finanzielle Mittelbindung**: hoch

Die Anschaffung eines Fahrzeuges bindet viel Kapital. Sei es verfügbares Guthaben, die Aufnahme von Fremdkapital oder Kapital aus dem laufenden Einkommen. Je nach Vermögen oder Einkommen kann die relative Bindung der finanziellen Mittel unterschiedlich ausfallen.[18]

[16] Vgl. Köth; 2013; www.automobil-industrie.vogel.de
[17] Vgl. Napoleone; 2013; www.press.bmwgroup.com
[18] Vgl. Ruhfus; 1976; S.23

- **Bedeutung im Konsumsystem**: hoch

Durch den Kauf eines Fahrzeugs werden die finanziellen Mittel gebunden, was dazu führen kann, dass andere Konsumentscheidungen zurückgestellt oder ganz verworfen werden, wie bspw. eine Urlaubsreise.

- **Auswirkungen auf Personen im Haushalt**: hoch

Darunter wird das Maß der Gemeinsamkeit des Konsums eines bestimmten Objekts verstanden. Der BMW i3 wird, wie jedes Fahrzeug, in der Regel von mehreren Personen im Haushalt geführt

- **Kaufhäufigkeit**: niedrig

In der Regel ist die Kaufhäufigkeit bei Kraftfahrzeugen im Vergleich zu anderen Konsumgütern niedrig. Wie oft Neu- oder Gebrauchtwagen erworben werden, ist von Konsument zu Konsument unterschiedlich. Z. B. ein klassischer Jahreswagenkäufer oder ein Käufer der sein Fahrzeug alle 4 Jahre tauscht.

- **Erfahrungsgrad**: gering

Der Erfahrungsgrad hängt immer von den in der Vergangenheit getätigten Käufen ab. Hat ein Fahrzeughalter gute Erfahrungen gemacht, wird er mit hoher Wahrscheinlichkeit dem Hersteller treu bleiben. Wenn er schlechte Erfahrungen gesammelt hat, zieht er einen Wechsel voraussichtlich in Betracht. Da seitens BMW der i3, das erste Fahrzeug seiner Art ist, können Käufer auf keinen Erfahrungswert setzen.

- **Informationsbedürfnis**: hoch (bei Wiederholungskauf niedrig)

Im Kontext mit der beträchtlichen Mittelbindung und der bereits erwähnten extensiven Kaufentscheidung ist das Informationsbedürfnis von hoher Bedeutung. Die Ausnahme

sind Kunden, die zum Stamm gehören, keine Wahlmöglichkeit für eine Folgekaufent-
scheidung in Erwägung ziehen und generell einem Modell bzw. einem Hersteller treu
bleiben.

- **Soziale Sichtbarkeit:** hoch

Bei einem Automobil ist die soziale Sichtbarkeit eindeutig gegeben, da ein Kraftfahr-
zeug in der Öffentlichkeit verwendet wird. Die soziale Sichtbarkeit selbst, kann die
Kaufentscheidung massiv beeinflussen. Aus diesem Grund ist die Automobilindustrie
sehr bemüht, ihre Produkte emotional stark gegenüber ihrer Konkurrenz zu differenzie-
ren, sowie ein bestimmtes Image bei den Endverbrauchern zu platzieren.

- **Neuartigkeit:** hoch (bei Wiederholungskauf niedrig)

Bei einem Wechsel zu einer anderen Fahrzeugmarke oder bei einem Erstkauf liegen
noch keine oder wenige eigene Erkenntnisse der Käufer vor. Die Entwicklung der Fahrzeuge im technischen Bereich hängt stark von der Fragestellung der Neuartigkeit ab.
Ein Beispiel ist hier der BMW i3 mit seinem „Plug-In-Motor", aber auch den Ausstat-
tungsmerkmalen, wie verändertem Design oder Einparkassistent.[19]

2.2. Wettbewerbsanalyse

Als nächstes werden die direkten Wettbewerber des BMW i3 betrachtet, hierbei ist darauf zu achten, dass es sich um Konkurrenzprodukte mit ähnlicher Technologie oder
zumindest ähnlichem Konzept handelt. Betrachtet werden das Model S der Tesla AG,
der Zoe der Firma Renault, sowie der E-Smart der Sub Marke Smart der Daimler AG,
der E-UP der Volkswagen AG und der Ampera der Firma Opel. Alle Automodelle der
Wettbewerber waren zum Zeitpunkt der Produkteinführung des BMW i3 auf dem
Markt und werden folgend aufgeführt.

---

[19] Vgl. Klenger, Krautter; 1972; S. 8ff

Der Opel Ampera hat als Plug-In Hybrid dieselbe Technologie, auf der die Antriebs-technologie vom BMW i3 beruht, bei der ein rein elektrischer Antrieb durch einen Ben-zinverbrennungsmotor unterstützt wird. Er erreicht eine Gesamtreichweite von 500 km (davon 60 km rein elektrisch) mit einer Leistung von 150 PS und sein Anschaffungs-preis lag zum damaligen Zeitpunkt ab 38.300 €.[20]

Der Renault Zoe ist im Gegensatz zum Opel Ampera ein reines Elektrofahrzeug ohne Unterstützung eines zusätzlichen Benzinverbrennungsmotors. Er kam auf eine Reich-weite von insgesamt 210 km bei 88 PS Performance. Besonderheit hier ist, dass der Zoe nicht an jeder handelsüblichen Steckdose geladen werden kann. Der Preis lag ab 21.700 €, wobei hier die Besonderheit ist, dass die Batterie extra gemietet werden muss.[21] Die Miete beträgt bei heutigen Versionen des Models ca. 69 € pro Monat.[22]

Zum Zeitpunkt der Einführung des BMW i3 gab es 2013 von VW eine Elektroautovari-ante seines bereits vorhandenen Kleinstwagenmodels VW-UP auf den Markt. Dieser fährt, ähnlich wie der Renault Zoe, rein elektrisch und kommt auf eine Gesamtreichwei-te von 160 km bei 82 PS Performance und hatte einen Anschaffungspreis von 26.999 € aufwärts.[23]

Der E-Smart der Marke Smart ist eine Version des Models Smart ForTwo mit Elektro-antrieb. Bereits 2006 gab es die erste Modelgeneration und diese befand sich zum Zeit-punkt der Produkteinführung des BMW i3 schon in der dritten Generation.[24] Seine Reichweite betrug 145 km, bei 48 PS Performance und der Anschaffungspreis lag bei 23.680 € aufwärts, wobei man hier auch die Wahl der Batteriemiete für 65 € im Monat oder den Kauf der Batterie hat.[25]

---

[20] Vgl. Viehmann; 2013; www.focus.de; S. 6
[21] Vgl. Viehmann; 2013; www.focus.de; S. 8
[22] Vgl. o. V.; o. J.; www.renault-bank.de
[23] Vgl. Viehmann; 2013; www.focus.de; S. 3
[24] Vgl. Hoeffner; 2014; www.electrify-bw.de
[25] Vgl. Viehmann; 2013; www.focus.de; S. 4

Zuletzt ist noch das Model S der Firma Tesla zu erwähnen. Hierbei handelt es sich um eine Sportlimousine mit rein elektrischem Antrieb. Dieser kommt auf eine Gesamt-reichweite von insgesamt 502 km bei einer Performance von 302 bis 420 PS. Je nach PS Zahl beginnt der Preis bei 71.400€ und 95.900€.[26]

Anhand der aufgeführten Daten soll folgendes Diagramm die Positionierung des BMW i3 unter allen Wettbewerbern grafisch darstellen. Als Größen für die Achsen sind Preis und Reichweite festgelegt.

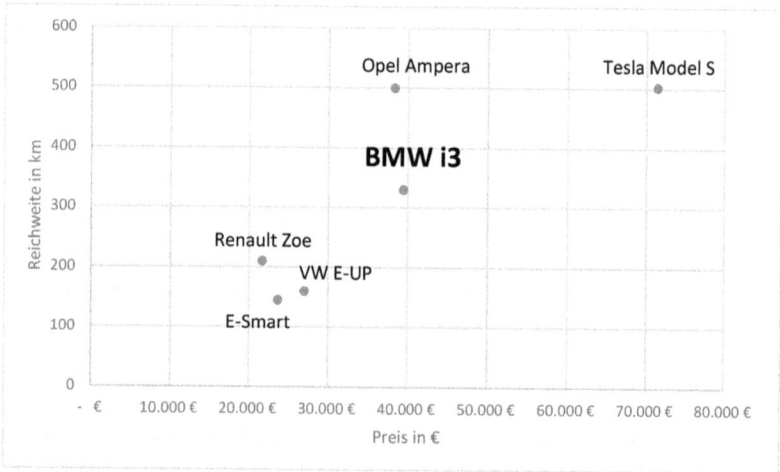

Abb. 1: Wettbewerbsposition des BMW i3; eigene Darstellung

Wie zu sehen ist, reiht sich der BMW i3 zentral im Diagramm ein. Wie in 1.3 genannt verfügt er über eine Reichweite von ca. 170 km rein elektrisch. Mit dem Range-Extender erreicht er ca. 330 km Gesamtreichweite, bei einem Preis mit Range-Extender ab 39.450 € aufwärts.[27] Es ist zu erkennen, dass das Trio von Renault, VW und Smart relativ nahe beieinanderliegt. Da alle drei Wagen eher dem Segment der Klein- bzw.

---

[26] Vgl. Viehmann; 2013; www.focus.de; S. 11
[27] Vgl. o.V.; Preisliste BMW; 2013; S. 4

Kleinstwagen zuzuordnen sind und somit ideale Stadtautos darstellen, verwundert dies nicht. Tesla und Opel liegen, was Preis und Reichweite angeht, deutlich über den Wettbewerbern, wobei der Opel Ampera vom Preis unter dem BMW i3 liegt. Zwar bietet der Ampera mehr Reichweite und einen geringeren Anschaffungspreis, man muss jedoch beachten, dass die Reichweite, die rein elektrisch zurückgelegt wird, beim Ampera deutlich geringer ist, im Vergleich zum BMW. Anderseits sind der Opel Ampera und das Model S von Tesla auch von der Größe den Limousinen zuzuordnen, während der BMW i3 der Kompaktklasse zuzuordnen ist, womit er im Vergleich zu den anderen Wettbewerbern ein Alleinstellungsmerkmal aufweist und somit auch eine Kompromisslösung darstellt. Es hängt davon ab, was die Kunden für Bedürfnisse haben, um herauszufinden, welcher Wettbewerber die erfolgreichste Strategie verfolgt.

2.3. Branchenanalyse und Marktentwicklung

Bei der Marktentwicklung handelt es sich um die Schaffung und den Ausbau neuer Plätze von Angebot und Nachfrage. Märkte sind eng an das Verhalten von Konsumenten gekoppelt.[28] Der BMW i3 bewegt sich in der noch jungen Marktnische der Elektroautos und konkurriert dort, unter anderem mit den im vorangegangenen Kapitel beschriebenen Fahrzeugen.[29]

Durch das steigende Umweltbewusstsein und dem lauter werdenden Ruf nach Nachhaltigkeit ist das Potential der e-Mobilitätsbranche erkennbar.[30] Zusätzlich wird durch den „Nationalen Entwicklungsplan Elektromobiliät der Bundesregierung" von 2009 das Branchenpotential von Personenkraftwagen mit elektronischem Antrieb auch von politischer Seite sehr stark unterstützt. Unter anderem hat sich die Bundesregierung in diesem Entwicklungsplan zum obersten Ziel gesetzt Deutschland zum Leitmarkt für Elektromobilität zu entwickeln und so die Abhängigkeit von fossilen Brennstoffen zu reduzieren und gleichzeitig den Klimaschutz voranzutreiben.[31] Im Rahmen der Umsetzung

---

[28] Vgl. Poth, Pradel; 2008; S. 261
[29] Vgl. Seibt; 2016; www.auto-motor-sport.de
[30] Vgl. o. V.; 2016; www.energiezukunft.eu
[31] Vgl. Nationaler Entwicklungsplan Elektromobilität der Bundesregierung; 2009; S. 17

stellt die Bundesregierung mit dem Konjunkturpaket II über 500 Mio. Euro zu Forschungs-, Entwicklungs- und Umsetzungszwecken an verschiedenste Einrichtungen zur Verfügung. Dies soll unter anderem die Batterieentwicklung und deren Recycling, die Stromnetze und den Neubau von Ladestationen vorantreiben.[32]

Betrachtet man die im Kapitel 2.2 angegebene Preise in Zusammenhang mit den potentiellen Zielgruppen, ergibt sich für 2013 insgesamt eine bundesweite Neuzulassungszahl von 6.051 Fahrzeugen mit Elektroantrieb. Der BMW i3 kann bei seiner Markteinführung 363 Mal verkauft werden und kann sich so einen Marktanteil von knapp sechs Prozent sichern. Am meisten wird 2013 die elektronisch betriebene Variante des Smarts verkauft. Mit 1.897 Stück macht das ca. 31 % aller verkauften Elektroautos aus.[33] Die starke Diskrepanz liegt nicht, wie in den vorangegangenen Kapiteln beschrieben an dem hohen Preisunterschied von ca. 16.000 €, sondern auch an der Tatsache, dass der BMW i3 erst ab November 2013 in Deutschland erhältlich ist und somit nur zwei Verkaufsmonate in die Zulassungsstatistik einlaufen, während der Smart beispielsweise schon seit 2012 erhältlich ist.

---

[32] Vgl. Nationaler Entwicklungsplan Elektromobilität der Bundesregierung; 2009; S. 24
[33] O. V.; Statistische Mittelung des Kraftfahrt-Bundesamtes FZ 14; 2013; S. 43

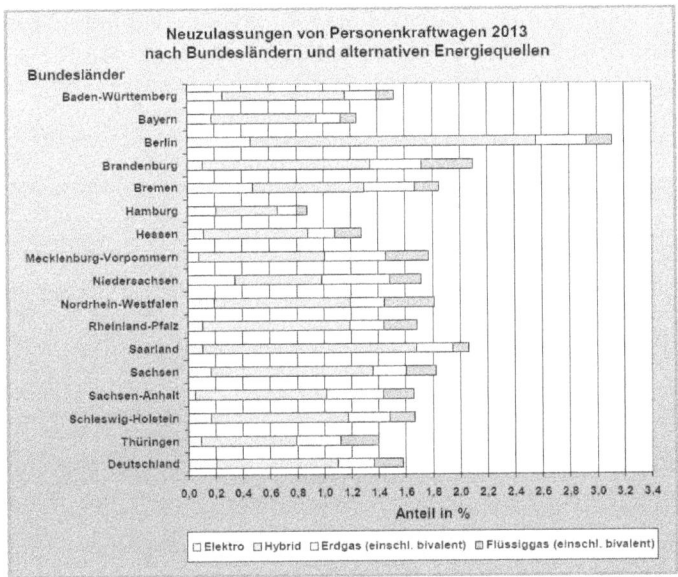

Abb. 2: Fahrzeugzulassungen von Kraftfahrzeugen nach Umweltmerkmalen des Kraftfahrtbundesamtes 2013[34]

In der Summe liegt der Anteil der Neuzulassungen von Personenkraftwagen mit alternativen Energiequellen bei knapp 1,6 %. Wobei der Anteil von elektronisch angetriebenen Autos bei 0,2 % liegt (siehe Abb. 2). Es gibt je nach Bundesland starke Differenzen. So ist der Anteil von Elektroautos in Berlin und Bremen mit ca. 0,5 % Marktanteil relativ hoch.[35] Da die Bundesländer Berlin und Bremen gleichzeitig Städte sind, kann dies als Beleg für die, in der Kundenanalyse angeführten Hypothese gesehen werden, dass vor allem in urbanen Regionen und Vorstädten der Markt für Elektroautos vorhanden ist.

2014 sind die Neuzulassungen und somit die Verkaufszahlen des BMW i3 auf 2.185, bei bundesweit 8.522 neuzugelassenen elektrisch betriebenen Fahrzeugen gestiegen[36].

---

[34] Kraftfahrtbundesamt; 2013; S. 12
[35] O. V.; Statistische Mittelung des Kraftfahrt-Bundesamtes FZ 14; 2013; S. 12
[36] Vgl. o. V.; 2015; www.kba.de

Das ist für den i3 ein Plus von 1.822 Fahrzeugen im Vergleich zum Vorjahr. Die Tendenz für den Verkauf von elektronisch betriebene Pkw ist seit 2004 über den Zeitverlauf ansteigend (siehe Abb. 3).[37]

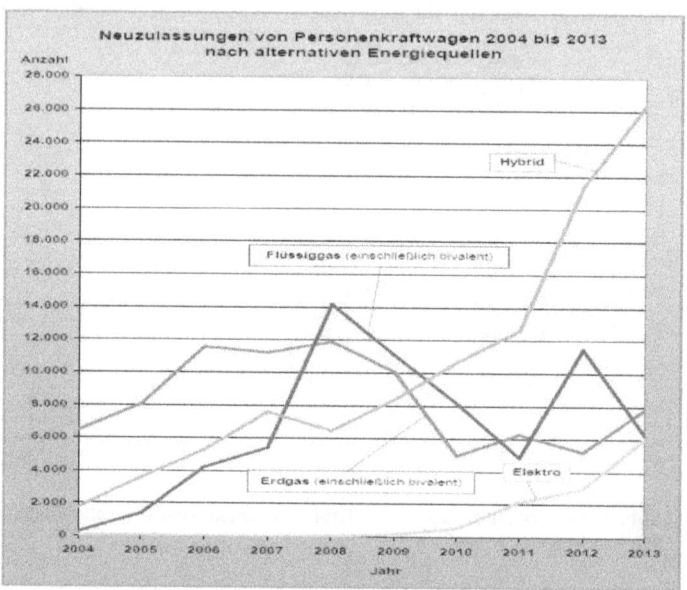

Abb. 3: Fahrzeugzulassungen von Kraftfahrzeugen nach Umweltmerkmalen des Kraftfahrtbundesamtes 2013[38]

Die steigenden Verkaufszahlen und die starke strategische und finanzielle Unterstützung der Bundesregierung sind ein Indikator für das Potenzial der Elektromobilitätsbranche. Da die Automobilbranche in Deutschland, wie in der Einleitung beschrieben, zu der größten Branche gehört, sind die Hersteller gut beraten in die Marktnische der Elektromobilität zu investieren, um durch Produktdifferenzierung zu versuchen, das Potential für sich zu sichern. Hierdurch können sich Unternehmen wie BMW frühzeitig positionieren, um sowohl ihre eigene Existenz sicherzustellen, als auch die Vorgaben der Bundesregierung zu realisieren.

---

[37] O. V.; Statistische Mittelung des Kraftfahrtbundesamtes FZ 14; 2013; S. 14
[38] Kraftfahrtbundesamtes; 2013 S. 14

2.4. Marketingstrategie

Marketingstrategien sollen helfen auf strategische Art und Weise Entscheidungen hinsichtlich der Auswahl und Abdeckung von Märkten zu treffen, das Verhalten des Unternehmens gegenüber anderen Marktteilnehmern zu bestimmen, sowie den systematischen Einsatz der Marketinginstrumente festzulegen. In der Literatur werden verschiedene Marketingstrategien diskutiert. Hierbei wird zwischen Partialansätzen und integrativen Ansätzen unterschieden. Partialansätze setzen sich in der Regel mit einem kleineren Ausschnitt der oben genannten strategischen Entscheidungsprobleme auseinander. Dies kann bedeuten, dass bei diesen Ansätzen nur der Aspekt der konkurrenzorientierten Marketingstrategie oder die Strategie zur Produkt-Markt-Entwicklung betrachtet wird. Integrative Ansätze der Marketingstrategie versuchen die gesamte Palette der Entscheidungsmöglichkeiten der strategischen Marketingplanung zu abzudecken und zu systematisieren.[39] Dieses Kapitel beschreibt den Partialansatz nach Porter und ordnet den BMW i3, sowie der in 2.2 genannten Konkurrenten, ein.

Porter entwickelt 1983 auf Basis einer Untersuchung der zentralen Wettbewerbsfaktoren ein Modell der strategischen Grundkonzeptionen, die den Rahmen für spezifische Unternehmens- und Marktstrategien eingrenzen.[40] Nach Porter ist es wichtig für Unternehmen eine Kernkompetenz aufzuweisen. Da sich sein Modell auf die Festlegung Abnehmer gerichteter Strategien zur Wettbewerbsdifferenzierung bezieht, sieht Porter zwei wesentliche Unterscheidungskriterien: Das eigene Unternehmen kann sich gegenüber Marktbegleitern entweder durch Qualitäts- (Qualitätsführerschaft) oder Kostenvorteile (Kostenführerschaft) abgrenzen. Zusätzlich unterscheidet Porter, ob sich das Unternehmen auf dem Gesamtmarkt oder auf Teilmärkten tätig ist.[41] Die folgende Abbildung veranschaulicht das Modell von Porter.

[39] Vgl. Meffert; 1994; S. 109
[40] Vgl. ebd.; 1994; S. 113
[41] Vgl. Bruhn; 2016; S. 75

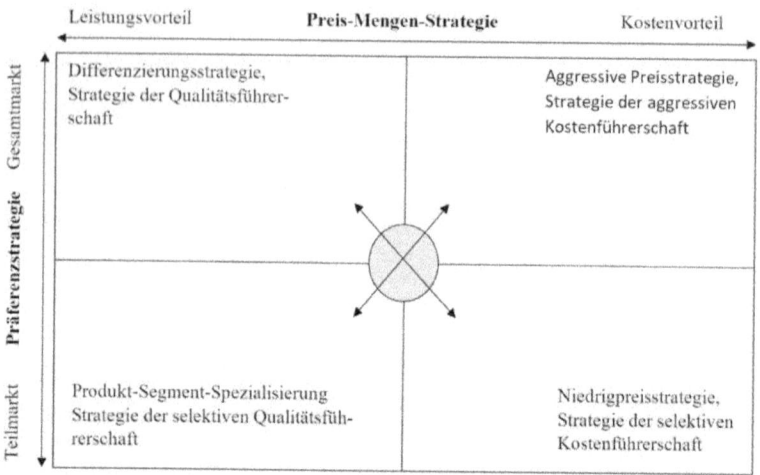

Abb. 4: Preis-Mengenstrategie nach Bruhn, Meffert; eigene Darstellung[42]

Auf Basis der Kombination der beiden Grunddimensionen Präferenzstrategie und Preis-Mengen-Strategie können vier Strategierichtungen unterschieden werden:

1. Die Differenzierungsstrategie, oder auch die Strategie der Qualitätsführerschaft, zielt darauf ab Leistungs- bzw. Qualitätsvorteile auf dem Gesamtmarkt zu realisieren.[43] Diese Strategie versucht durch die Schaffung von Produkt- oder Leistungsvorteilen (z. B. Produktqualität, Garantie, Kundenservice) den differenzierten Erwartungen und Bedürfnissen der Kunden gerecht zu werden. Bei der Differenzierungsstrategie werden besonders Maßnahmen verwendet die den Produktnutzen erhöhen. Die Differenzierung zur Konkurrenz steht im direkten Zusammenhang mit der differenzierten Marktbearbeitung der Kunden.[44] Als unbedingte Voraussetzungen für die Differenzierungsstrategie zählen, die starke Qualitätsorientierung der Kunden, eine hohe Marketingeffektivität, höchste Produktqualität, ein hohes Image des Produktes, die Innovationsorientierung des Unternehmens und die kontinuierliche Selbstanaly-

---

[42] Vgl. Bruhn; 2016; S: 75ff; Meffert; 1994; S: 115ff
[43] Vgl. Bruhn; 2016; S. 75
[44] Vgl. Meffert; 1994; S. 115

se, sowie Markt- und Konkurrenzanalyse. Unternehmen wie Mercedes und BMW verfolgen die Differenzierungsstrategie.[45]

2. Die aggressive Preisstrategie, auch als Strategie der aggressiven Kostenführerschaft bekannt, ist darauf ausgerichtet, auf dem gesamten Markt Kostendegressionseffekte zu nutzen.[46] Damit diese Strategie gewinnbringend verfolgt werden kann, müssen einige Voraussetzungen gegeben sein: So sollte das Unternehmen große Marktanteile haben, um Degressions- und Erfahrungskurveneffekte nutzen zu können (z. B. über Standardisierung oder neue Technologien). Zudem setzt die aggressive Kostenführerschaft neben einer Beschränkung des Produktsortiments meistens den aggressiven Einsatz absatzpolitischer Marketinginstrumente, günstige Finanzierungsmöglichkeiten und ein effektives Controlling, um rentabel am Markt zu agieren. Zusätzlich ist diese Strategie nur erfolgsversprechend, wenn die Kunden den Preis und nicht die Qualität des Produktes als zentrales Kaufkriterium definieren. Unternehmen, die diese Strategie verfolgen, sind bspw. Kia oder Nissan.[47]

3. Die Strategie der selektiven Qualitätsführerschaft, oder auch Produkt-Segment-Spezialisierung, legt den Schwerpunkt auf einen Teil des Marktes. In dieser Nische werden Leistungsvorteile realisiert. Hier ist die Konzentration auf lukrative Nischen, die von großen Unternehmen vernachlässigt werden, zu empfehlen. Unternehmen, welche die selektive Qualitätsführerschaft verfolgen, können sich durch besondere Leistungen (z. B. Spitzenprodukte, hohes Serviceniveau, individuelle Beratung von Kunden) ihre Wettbewerbsvorteile ausspielen und somit höhere Preise rechtfertigen. Beispiele für Unternehmen sind: Porsche oder Ferrari.[48]

4. Die Fokussierung auf einen Teilmarkt in der Kombination mit besonders preisgünstiger Unternehmensleistung ergibt die Strategie der selektiven Kostenführerschaft oder auch Niedrigpreisstrategie. Hier handelt es sich häufig um Produktimitationen

---

[45] Vgl. Meffert; 1994; S. 115
[46] Vgl. Bruhn; 2016; S. 76
[47] Vgl. Meffert; 1994; S. 114; Vgl. Bruhn; 2016; S. 76
[48] Vgl. Bruhn; 2016; S. 76

in technologisch ausgereiften Märkten. Daewoo kann als Beispielunternehmen angeführt werden, dass die selektive Kostenführerschaft verfolgt.[49]

Nach Porter sollten sich ein Unternehmen bewusst für eine der vier Strategien entscheiden und sie sowohl aktiv, als auch langfristig mit allen notwendigen Voraussetzungen verfolgen, um den eigenen Unternehmenserfolg zu sichern und sich gegenüber Konkurrenten zu behaupten.[50] Hierbei ist aber zu beachten, dass sich Porters Ansicht nicht auf wachsende, sondern gesättigte Märkte bezieht.[51]

Die einmalige Entscheidung einer Marketingstrategie ist, für eine langfristige Sicherung des Unternehmenserfolges, in den heutigen Marktsituationen oftmals nicht ausreichend. Aus Porters Konzept haben sich inzwischen hybride Wettbewerbsstrategien entwickelt. Hierzu zählt zum Beispiel das Outpacing. Dabei wechselt das Unternehmen rechtzeitig zwischen Kosten- und Qualitätsvorteilen, um die Wettbewerber zu überholen.[52]

Die Marketingstrategie des BMW i3 ist bei der Differenzierungsstrategie einzuordnen. Über diverse Neuheiten wie dem Segelmodus, dem Wärmetauscher, der die Akkus vorheizen kann, das Angebot der 360-Grad-Mobility oder der Karosserie aus Karbon und Aluminium merkt man die Innovationsorientierung des Unternehmens. Von dem schon bestehenden hohen Markenimage von BMW kann die Submarke BMW i profitieren, dieses Image muss und kann mit dem BMW i3 aber auch erfüllt werden. Die Kundengruppe, die angesprochen wird, ist qualitätsbewusst und bereit dafür zu zahlen. Den hohen Qualitätsanspruch an sich selbst und an das Produkt beweist, dass BMW i bspw. acht Jahre (oder 100.000 km) Garantie auf seine Akkus verspricht.[53]

BMW und seine Submarken verfügen über eine hohe Marketingeffektivität. So können neue Kunden über Kommunikationsformen wie Werbespots und Anzeigen in verschie-

---

[49] Vgl. Bruhn; 2016; S. 76
[50] Vgl. Meffert; 1994; S. 115
[51] Vgl. Bruhn; 2016; S. 77
[52] Vgl. Bruhn; 2016; S. 77
[53] Vgl. o. V.; o. J.; www.bmw.de/de/neufahrzeuge/bmw-i

denen Medien angesprochen werden und zusätzlich durch Direktmarketing an beste-
hende Kunden der BMW Group erfolgen. Ein Vertriebsnetz besteht, wodurch der BMW
i3 ohne große Probleme verkauft werden kann. Man kann den BMW i3 auch deshalb in
der Differenzierungsstrategie, anstatt bei der Produkt-Segment-Spezialisierung einord-
nen, da er durch die Reichweite von bis zu 330 km fast mit dem gesamten Automobilmarkt in Konkurrenz steht.[54]

Nicht nur der BMW i3, sondern auch Tesla mit seinem Model S und der Opel Ampera
verfolgen die Differenzierungsstrategie. Auch auf den Tesla und den Opel passen die
hohe Produktqualität und die Innovationsorientierung. Da der Opel Ampera allerdings
nicht so stark von dem hohen Produktimage der Dachmarke und Tesla durch den hohen
Preis und die niedrige Stückzahl kaum Bekanntheit entwickeln kann, hat BMW i Wettbewerbsvorteile zu verzeichnen. Ein weiteres Indiz dafür, dass die Muttergesellschaft
BMW eine kontinuierliche Selbstanalyse und Marktbeobachtung betreibt, ist, dass 2016
bekanntgegeben wird, dass die Technik des BMW i3 künftig in allen neuen BMW Modellen verbaut wird.[55] Somit sind alle zwingenden Kriterien der Differenzierungsstrategie erfüllt.

Die beschriebenen Elektromobile Renault ZOE, VW E-UP und E-Smart verfolgen die
Niedrigpreisstrategie (siehe Kapitel 2.2 Wettbewerbsanalyse). Sie haben einen relativ
geringen Preis dafür aber auch nur eine geringe Reichweite und können somit nur einen
kleinen Teil von Kunden ansprechen, nämlich diejenigen, die keine weiten Strecken
fahren müssen. Die Niedrigpreisstrategie können die drei Fahrzeughersteller vor allem
deshalb verfolgen, da sich beim E-Smart und beim VW E-UP die Fahrzeuge von denen
mit Verbrennungsmotor nur vom Antrieb unterscheiden. Beim Renault ZOE werden
viele Teile des Fahrzeugs auch im Renault Clio verbaut.[56]

[54] Vgl. o. V.; o. J.; www.bmw.de/de/neufahrzeuge/bmw-i
[55] Vgl. o.V.; 2014; www.n24.de
[56] Vgl. Höffner; o. J.; www.zoepionierin.de

3. Marketing-Mix

Marketing-Mix beschreibt die Planung der idealen Kombination der Marketinginstrumente, auch vier P's genannt. Die vier P's umfassen Product (Produktpolitik), Price (Preispolitik), Promotion (Kommunikationspolitik) und Place (Distributionspolitik) und durch ihren Einsatz können Unternehmen mit Ihrem Produkt besser auf den Markt einprägend einwirken.[57]

3.1. Produktpolitik

Zunächst wird die Frage beantwortet, welche produktpolitischen Entscheidungen die Firma BMW im Rahmen der Produkteinführung des BMW i3 getroffen hat. Hierfür muss definiert werden was unter Produktpolitik im Allgemeinen zu verstehen ist. Manfred Bruhn bezeichnet die Produktpolitik als Kern des Marketings und definiert sie als „Leistungspolitik", in dem er den eigentlichen Begriff erweitert in Angrenzung zur Sach- und Dienstleistungspolitik.[58]

Danach gliedert sich der Prozess der Leistungspolitik des Unternehmens in die drei wesentlichen Elemente, nämlich zum einen die „USP" (Unique Selling Proposition), die darlegt, welches Produktmerkmal das Produkt beim Kunden einzigartig macht und für die Konkurrenz schwer imitierbar.[59] Auf den BMW i3 bezogen und den zu untersuchenden Zeitraum 2013, neben der Reichweite von bis zu 170 km rein elektrisch, auch die Carbon Karosserie ohne Mittelsäule.[60] Zwar ist die Reichweite des Tesla, wie in 2.2 aufgeführt, unerreicht, aber im Hinblick auf die europäische Konkurrenz in der vergleichbaren Preisklasse durchaus innovativ. Wobei die Gestaltung des Produktes bereits den nächsten Schritt des Prozesses ausmacht. Nach Bruhn umfasst dies u. a. Name, Qualität und Design und im dritten Schritt des Prozesses sind die Serviceleistungen „on top", hier vor allem die sog. I-Remote-App zu nennen als "value added Service" und die achtjährige Batteriegarantie (oder 100.000 km Laufleistung).[61]

---

[57] Vgl. Bruhn; 2016; S. 27-28
[58] Vgl. Bruhn; 2016; S. 123
[59] Vgl. ebd.; S. 124
[60] Vgl. o.V. BMW i3 Prospekt; 2016; S. 7-8, 13
[61] Vgl. ebd.; S. 15, 24, 32, 33

Nachdem auf höchster Ebene die Programmentscheidung, hier für E-Mobilität getroffen worden ist, folgen auf der zweiten Führungsebene des Konzerns die Entscheidungen über die Veränderungen der Produktlinie. Außer Imageauswirkungen auf die Dachfirma kann hier keine Wettbewerbsanalyse, Umsatz- und Ertragsprognose, Deckungsbeitrag und Umsatzanteil dargestellt werden, die für die Entscheidung maßgeblich sind, da seitens BMW, die darin vorliegenden Kennziffern nicht offengelegt sind.[62]

Nach der Branchenanalyse aus Kapitel 2.3, kann man die Imageauswirkungen als positiv bezeichnen, da politisch ein Umschwenken von Verbrennungsmotoren zur E-Mobilität gewollt ist und deutsche Unternehmen bis heute den vorgegebenen Zielen im europäischen Vergleich zu z. B. Norwegen, die etwa zu diesem Zeitpunkt ca. fünfzigmal mehr Elektroautos zugelassen haben als Deutschland, weit hinterherhinken.[63] Hier eine marktbeherrschende Vorreiterrolle zu übernehmen kann nicht imageschädigend sein, auch wenn die Käufer hierzulande, wie in Kapitel 2.3 erwähnt, mit einem Anteil von 0,2 % E-Fahrzeugen sicher noch keinen Beitrag zur Rentabilität des Produktes seit 2013 geleistet haben. Die ökonomischen Ziele bei Markteinführung lagen sicher weit über den tatsächlichen Zielen. Die psychologischen Ziele sind dagegen eher zu verwirklichen, wenn es gelingt, Berührungsängste der potentiellen Kunden gegenüber der neuen Technologie abzubauen.

Der nächste Schritt der Produktpolitik ist die Strategieentwicklung.[64] Eine systematisch betriebene Produktplanung ist besonders wichtig auf Märkten mit einem breiten Angebot technisch und funktionell ähnlicher Produkte.[65] Der BMW i3 ist, was die Qualitätsstrategie angeht, in ein gehobenes Niveau einzuordnen, wenn man die Preisgestaltung im Verhältnis zu den verwendeten Materialien, das Leistungsspektrum betrachtet. Was die Sortimentsstrategie betrifft, handelte es sich 2013 beim BMW i3 noch um ein hochspezialisiertes Segment in einer sehr kleinen Marktnische. Um dieses Segment ständig zu vergrößern ist die Servicestrategie nicht unerheblich. Sie hilft wesentlich, Kundenängste vor neuer Technologie abzubauen und die Schwellenangst zu reduzieren. Über-

---

[62] Vgl. Bruhn; 2016; S. 126
[63] Vgl. Balzter; 2013; www.faz.de
[64] Vgl. Bruhn; 2016; S. 130
[65] Vgl. Decker, Kroll, Meißner, Wagner; 2015; S. 69

legungen zu den Strategien der Produktpolitik münden in der Positionierung des Produktes im Markt. Der Ausgangspunkt ist der Kundennutzen über Verwendungszweck, Produktvorteil und Kundensegment welche bereits in den vorherigen Kapiteln erwähnt wird. Das Problem sich anschließender Markttests ist in der Autoindustrie weniger praktikabel, da zu kostenintensiv und zu auffällig für die Konkurrenz.[66]

3.2. Preispolitik

Bruhn definiert „Preise als das Ergebnis einer Übereinstimmung von Angebot und Nachfrage. Preispolitik ist daher auch Kontrahierungspolitik"[67]. Sie legt fest was Kunden für Leistungen eines Unternehmens als Gegenleistung erbringen müssen.[68]

BMW führte 2013 seinen BMW i3 zu einem Grundpreis von 34.950,- € in den Markt ein. Für das Modell mit Range Extender verlangt BMW 39.450,-€[69]. Wie ist dieser Preis zustande gekommen? Genaues Zahlenmaterial von BMW ist nicht allgemein zugänglich. Anhand der gängigen Preisfindungsstrategien, wird im Folgenden versucht, den Preisfindungsprozess nachzuvollziehen. Unternehmerisches Ziel ist primär, in einem neuen Marktsegment einen möglichst hohen Anteil zu erlangen, Umsatz zu generieren und langfristig in diesem Segment Gewinn zu erzielen.[70] Daher kann man davon ausgehen, dass auch die Firma BMW, dieses Ziel bei Markteinführung verfolgt hat. Konsumentenbezogen ist dazu ausschlaggebend, dass die Preiswahrnehmung durch die potentiellen Kunden optimaler Weise genau auf den Level positioniert wird, dass sie als Qualitätsindikator dient.[71] BMW will als Premiummarke wahrgenommen werden, Indikatoren dafür ist die Selbstdarstellung in Ihrer Werbung z. B. im Prospekt. Dort fallen Wörter wie luxuriös und edel.[72] Der Preis sollte allerdings im Vergleich zur Konkurrenz nicht zu hoch sein, sondern wettbewerbsorientiert. BMW ist mit 39.450,- € unter der 40.000,- € Grenze geblieben und somit im Vergleich zum damaligen Konkurrenten O-

---

[66] Vgl. Bruhn; 2016; S. 141
[67] Bruhn; 2016; S. 165
[68] Vgl. Bruhn; 2016; S. 165
[69] Vgl. o.V.; Preisliste BMW; 2013; S. 4
[70] Vgl. Bruhn; 2016; S. 167
[71] Vgl. ebd.; S. 167.
[72] Vgl. o.V. BMW i3 Prospekt; 2016; S. 22, 44

pel Ampera zu 38.300,- € (siehe Kapitel 2.2) wettbewerbstauglich geblieben. Zur Darstellung des preispolitischen Spielraumes, dient das sogenannte magische Dreieck

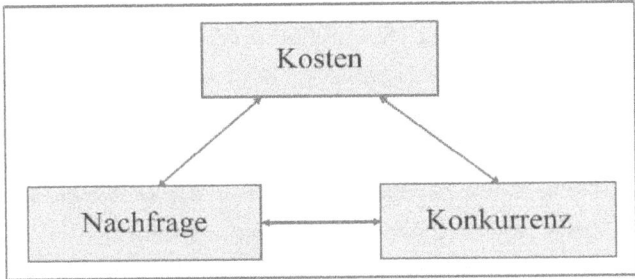

Abb. 5: Strategisches Dreieck nach Bruhn[73]

Danach beginnt die Preisfindung üblicherweise bei Massenprodukten mit der kostenori-
entierten Kalkulation und der Analyse des kostenbezogenen Spielraums. Hierbei müssen zum einen, die Selbstkosten, die Preisuntergrenze und der geplante bzw. überhaupt
mögliche Gewinn berücksichtigt werden. Hierfür fehlt weriterhin das Zahlenmaterial zu
den Selbstkosten bei BMW.[74]

Zum nachfrageorientierten Preisspielraum in diesem Dreieck, gibt es theoretische und
mathematische Preis-Absatzfunktionen. Auf diese Funktionen kann aufgrund fehlender
Zahlen nicht eingegangen werden.[75] Da der BMW i3 eine relative technische Neuheit
präsentiert, ohne alleiniger Anbieter zu sein, sind vermutlich Zulassungszahlen der
Konkurrenzprodukte mit Anhaltspunkte zur Preisfindung. Auch waren dabei die Preise
der Konkurrenz wie in Kapitel 2.2 aufgeführt, bekannt. Im fraglichen E-Automarkt handelt es sich um ein friedliches Oligopol, d.h. die relativ wenigen Anbieter streben nicht

---

[73] Bruhn; 2016; S. 170
[74] Vgl. Bruhn; 2016; S. 168
[75] Vgl. Decker, Kroll, Meißner, Wagner; 2015; S. 126

primär einen harten Preiskampf an und so ließen sich die Reaktionen der Wettbewerber in preislicher Hinsicht (keine) gut antizipieren.[76]

Nachdem der preispolitische Spielraum abgesteckt wird, kommen verschiedene preispolitische Strategien zum Zug. Diese sind auf den Zeitraum 2013 begrenzt. Zunächst ist die Preislage des BMW i3 zu bestimmen. BMW verfolgt klar eine sogenannte Hochpreisstrategie, aufgrund ihres Premiumanspruchs, wenn man Tesla als Spieler einer eigenen Liga außen vorlässt und die anderen Wettbewerber vergleicht (Renault, Smart und VW siehe Kapital 2.2). Zwar ist BMW im E-Mobilitätsbereich nicht Preisführer, wie VW etwa beim Golf, aber der Preis setzt sich deutlich nach oben ab, vermutlich auch um das Alleinstellungsmerkmal in der Kompaktklasse zu betonen. Insoweit ist BMW der sogenannten „Skimming-Theorie" gefolgt. Diese besagt, dass ein relativ hoher Einführungspreis bei neuartiger Technologie, die Hoffnung auf frühe Annahme beinhaltet und somit Kunden den hohen Preis akzeptieren. Nach einiger Zeit im Markt geht man dann von sinkenden Preisen bei steigendem Umsatz aus.[77] Dies beinhaltet die Gefahr, dass Wettbewerber schnell und günstig in den Markt eintreten. Die Exklusivität, die E-Mobilität noch hat verbietet eine „Penetrations-Theorie", bei der „Dumpingpreise" nach Akzeptanz im Markt eine rasche Preiserhöhung nach sich ziehen.[78] Um das E-Auto durchzusetzen, sind niedrige Einstandspreise, zwar sicherlich förderlich, eine schnelle Preiserhöhung würde vom Konsumenten aber klar abgelehnt werden, denn ein Auto ist ein hochwertiges Konsumgut. Lockpreise wären ruinös für das angestrebte Image des Produktes und auch für Aspekt des Qualitätsindikators.

Bei der Preisdifferenzierung spielt die Anschaffungsprämie der Bundesregierung noch keine Rolle, weil sie erst im Jahre 2016 eingeführt wurde.[79] Man kann nur vermuten, dass BMW mit so einer „abwrackprämiengleichen" Maßnahme der Regierung gerechnet hat, und entsprechend bei der Preisfindung berücksichtigt hat. Eine auf den BMW i3 bezogene persönliche Preisdifferenz zeigt die Preisliste der zur Verfügung stehenden

---

[76] Vgl. Bruhn; 2016; S. 191-192
[77] Vgl. Decker, Kroll, Meißner, Wagner; 2015; S: 150
[78] Vgl. ebd.
[79] Vgl. Bekanntgabe der Bundesregierung vom 18. März 2016

drei Ausstattungsvarianten, wie es bei Automobilherstellern üblich ist, wobei bei BMW noch zusätzlich die Wahl mit oder ohne Range-Extender zur Differenzierung beiträgt.[80] Differenzierung bezüglich Menge wie z. B. bei Telefontarifen, Zeit wie Saisonzuschläge oder Raum wie bei Ländern, finden sich bei den Preisfindungsüberlegungen eher nicht, da allenfalls EU-Reimporte zur räumlichen Differenzierung eine ganz geringe Rolle spielen könnten. Auch die dynamische Preisfindungstheorie, die auf ein Erfahrungskurvenkonzept setzt, bei dem die Kosten sich auf eine rasch wachsende Ausbringungsmenge verteilen, wird beim BMW Management nicht preisfindungsrelevant gewesen sein.[81] Zunächst kann man nicht von rasch wachsenden Umsätzen ausgehen, wenn man die Zulassungszahlen von E-Autos als Erfahrungsgrundlage sieht.[82] Ein marktorientiertes Preismanagement arbeitet mit Wahrscheinlichkeitswerten und relativ groben Erwartungswerten für eine Prognose.

3.3. Kommunikationspolitik

Aus dem Marketingblickwinkel versteht man unter Kommunikation das Senden von verschlüsselten Informationen, um bei einem Empfänger einen bestimmten Effekt zu erzielen. Demnach umfasst die Kommunikationspolitik die Planung, Gestaltung, Abstimmung und letztendlich die Kontrolle aller Maßnahmen der Kommunikation des Betriebes auf die bekannte Zielgruppe. Hierdurch sollen nicht nur die Ziele der Kommunikation, sondern letztendlich auch die Unternehmensziele erreicht werden.[83]

---

[80] Vgl. o.V.; Preisliste BMW; 2013; S. 14ff
[81] Vgl. Bruhn; 2016; S. 196-197
[82] Vgl. Kroher; ADAC-Motorwelt 12/2016; 2016; S. 29
[83] Vgl. Prof. Dr. Schewe; 2016; www.wirtschaftslexikon.gabler.de

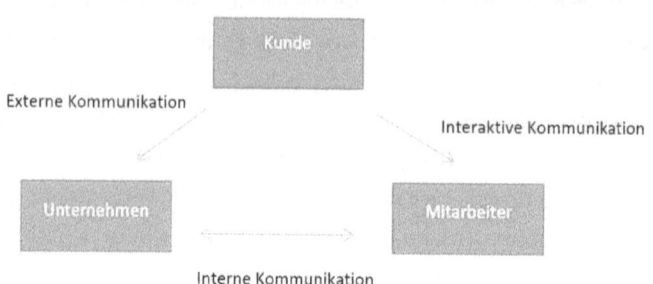

Abb. 6: Eigene Darstellung in Anlehnung an Bruhn[84]

Die Kommunikation ist ein bedeutendes Instrument, um am freien Markt und im Wettbewerb zu bestehen. Die Anzahl der gesendeten Botschaften und Informationen wird immer höher wodurch es zu einem Überschuss an Informationen kommt. Die Nachfrager können dies nicht komplett verarbeiten und gerade deswegen ist es wichtig einen gezielten Prozess zur Gestaltung der Kommunikationspolitik zu erreichen. Die Basis von diesem Entscheidungsprozess sind die Stufen des Kommunikationsprozesses. Diese werden auch als das Paradigma des Informationsaustausches bezeichnet.[85] Die Laswellsche Formel bedeutet:

- Wer (Das Unternehmen)
- Sagt was (Die Botschaft)
- Unter welchen Bedingungen (Situation)
- Über Welche Kommunikationskanäle (Media)
- Zu wem (Zielgruppe)
- Mit welcher Wirkung (Werbewirkung).[86]

---

[84] Vgl. Bruhn; 2009; S.200
[85] Vgl. Meffert; 2011; S. 606
[86] Vgl. Prof. Dr. Esch; 2016; www. wirtschaftslexikon.gabler.de

3.3.1. Instrumente des Kommunikationsmix

Unter Kommunikationsmix versteht man eine spezifische Verknüpfung der Kommunikationsinstrumente, die zu einem definierten Zeitpunkt zielorientiert verwendet werden. Neben den neuen (below the line) und den klassischen (above the line) Webemethoden gibt es eine Vielzahl an Instrumenten der Kommunikation. Die wichtigsten Instrumente des Kommunikationsmix sind:

- Werbung
- Verkaufsförderung
- Öffentlichkeitsarbeit
- Sponsoring
- Eventmarketing
- Direkt-Marketing
- Persönlicher Verkauf
- Neue Medien[87]

Werbung nimmt definitionsgemäß Einfluss auf die Meinungen zu Einstellungen der Menschen. Über spezifische Kommunikationsmittel wird Werbung über Kommunikationsmedien verbreitet und ist somit ein Instrument der Kommunikationspolitik im Mix des Marketings.[88] Unter dem Begriff Verkaufsförderung oder Sales Promotion werden zeitlich begrenzte Aktionen verstanden, die zum Ziel haben, durch ergänzende Anreize der nachgelagerten Vertriebsstufen, höhere Absätze zu bewirken.[89]

Unter Öffentlichkeitsarbeit oder auch Public Relations versteht man laut weit gefasster Definition alle Arten von interessengeleiteter Kommunikation gegenüber der Öffentlichkeit. Es ist eine Art der harmonischen Konfliktbewältigung durch einen professio-

---

[87] Vgl. o.V.; o. J.; www.wirtschaftslexikon24.com
[88] Vgl. Prof. Dr. Schulz; 2016; www.wirtschaftslexikon.gabler.de
[89] Vgl. Prof. Dr. Esch; 2016; www.wirtschaftslexikon.gabler.de

nellen und vernünftigen Austausch von Meinungen und Interessen.[90] Sponsoring bedeutet, dass ein Unternehmen oder eine Organisation, Einzelperson, Personengruppe, Organisation oder Veranstaltung durch Geld-, Sach-, oder Dienstleistungen fördert um dafür eine Gegenleistung in Form von, Unterstützung der Kommunikations- und Marketingmaßnahmen zu erhalten.[91] Event Marketing ist die zielorientierte Planung von Veranstaltungen um Kunden unternehmens- und produktbezogene Kommunikationsinhalte erlebnisorientiert vermitteln zu können. Der Kunde soll persönlich angesprochen und Emotionen in ihm geweckt werden.[92] Unter Direktmarketing fällt jede Werbemaßnahme die eine direkte Ansprache eines möglichen Käufers mit der Aufforderung zur Rückmeldung enthält.[93]

Eingesetzte Instrumente der Kommunikationspolitik des BMW i3

Wie unter Punkt 2.1 der Zielgruppenanalyse bereits erwähnt, kommuniziert BMW über sämtliche Wege mit ihren potentiellen Kunden. Zum einen über Social Media Netzwerke wie Instagram und Facebook, zum anderen über typische Werbeträger wie TV und Plakate. Zusätzlich wird über Öffentlichkeitsarbeit, beispielsweise auf der IAA, versucht mit potentiellen Kunden zu kommunizieren. Im nachfolgenden soll verdeutlicht werden, in welchen Bereichen und wie das Marketingkonzept des BMW i3 umgesetzt wird.

Instrument: Werbung

Maßnahme: Online Auftritt (Homepage)

---

[90] Vgl. o. V.; o. J.; www.absolventa.de
[91] Vgl. Bruhn; 2016; www.wirtschaftslexikon.gabler.de (Bruhn mit oder ohne Titel oder anderer?)
[92] Vgl. Prof. Dr. Esch; 2016; www.wirtschaftslexikon.gabler.de
[93] Vgl. Dr. Dallmer; 2016; www.wirtschaftslexikon.gabler.de

Abb. 7: Homepagebild von BMW (01)[94]

Beispiele:

Abb. 8: Homepagebild BMW (02)[95]

Information/ Zweck:	Die „blau-weißen" Fahrzeughersteller aus München setzen seit 2013 auf die Kampagne „360 Grad Electric". Diese Kampagne soll vor allem im TV und Internet gestartet werden. Das Hauptaugenmerk liegt auf der Vernetzung der digitalen Kommunikationskanäle. Die Themen Alltagstauglichkeit und Innovation des E-Fahrzeuges sollen im Mittelpunkt stehen. Auf der Internetseite www.bmw-wiki3.de findet der Benutzer alle relevanten und unterhaltenden Informationen zum BMW i3. Hier können Sie bspw. auf „Inside i3" Erfahrungsberichte von Personen lesen, die den i3 im Großstadtalltag getestet haben. Kurze Spots zeigen Menschen in unterschiedlichsten Situationen, die davon schwärmen den i3 zu fahren und das dazugehörige Umweltbewusstsein zu genießen, gleichzeitig aber nichts an Fahrfreude einbüßen zu müssen. In den hier gewählten Beispielen ist zum einen eine Familie zu sehen, die gern, ausgiebige Roadtrips unternimmt und zum ande-

---

[94] www.bmw.com
[95] Ebd.

ren ein junger moderner Mann, der davon angetan ist, sich mit dem i3 „cool", „smart" und „unkonventionell" zu fühlen". Die Homepage zeigt zudem den Online-Spot „Die leise Revolution". Er verblüfft und zeigt wie der i3 das revolutionäre Stadtbild zunehmend prägt und mit der neuen Antriebsmöglichkeit den Zugang in eine neue Welt eröffnet. [96]

Instrument: Werbung

Maßnahme: Printmedien

Beispiele:

Abb. 9: Printmedienabbildung von BMW (01)[97]

Abb. 10: Printmedienabbildung von BMW (02)[98]

Information/ Zweck: BMW hat Printanzeigen erstellen lassen, die in Los Angeles aufgenommen wurden. Hierbei steht das Produkt im Vordergrund mit dem Ziel, emotionale Reize zu setzen.

[96] Vgl. Nikitina; 2014; www.press.bmwgroup.com
[97] Abb.03 www.press.bmwgroup.com
[98] Abb 04 www.press.bmwgroup.com

Das Produkt steht im Vordergrund mit dem Ziel emotionale Reize zu setzen. Die TV-Kampagne, welche zur Markteinführung des BMW i3 in Europa startete, besticht mit spektakulären Aufnahmen inmitten der Häuserschluchten von Chicago.[99]

Instrument:	Verkaufsförderung
Maßnahme:	Leasingangebot, Sondermodelle, Sonderkonditionen Versicherung
Information/ Zweck:	BMW macht auch besonders durch Ihre Leasing und Versicherungsangebote auf sich aufmerksam.[100] Beim Leasing zahlt man nur die tatsächliche Nutzung der BMW i-Modelle. Laufzeit und Laufleistung können individuell gestaltet werden. Im maßgeschneiderten Versicherungsangebot bildet die flexible Wahl der Selbstbeteiligungsvariante und die professionelle Reparatur der BMW i-Modelle in der Vertragswerkstatt die Basis.[101]

Instrument:	Public Relations
Maßnahme:	Presseberichte, sonstige Mitteilung, Social- Media
Beispiele:	„Freude am Fahren", Facebook
Information/ Zweck:	BMW hat den Slogan „Fahrfreude" zwar nicht erfunden, aber Sie haben als Erster das Potential dieser Idee erkannt, um diese Position nachhaltig zu besetzen.[102] Der BMW i3 ist stark in den Social-Media Netzwerken vertreten. Mit

---

[99] Vgl. Reidel; 2013; www.horizont.net
[100] Vgl. Autokäuferpuls; 2014; S.22
[101] Vgl. o. V.; 2016; wwww.bmw.de
[102] Vgl. Brandtner; 2009; www.markenlexikon.de

über 1,4 Millionen Follower auf Facebook teilt man alle Neuigkeiten mit seinen Fans und potentiellen Kunden [103]

Instrument:	Sponsoring
Maßnahme:	Sportsponsoring
Beispiele:	BMW Golfsport, BMW Motorsport, BMW Laufsport, BMW Wintersport, BMW Open (Tennis)
Information/ Zweck:	Allgemein ist BMW darauf bedacht, Sportarten bzw. Events zu unterstützen, die man direkt positiv mit dem Namen und den Eigenschaften von BMW verbindet. [104] Da BMW eine sparsame und umweltfreundliche Motoren-entwicklung vorantreibt und seit Jahren einer der nachhal-tigsten Automobilbauer ist, sponserten die Münchner u. a. die Olympischen Spiele in London 2012. Die Veranstalter der Spiele schrieben sich auf die Flagge, die Olympiade so CO_2-arm, wie möglich zu halten und so entstand eine Win-Win-Situation. BMW konnte so den Bekanntheits-grad der Submarke i erweitern und die Spiele erhielten als Gegenleistung über 4000 Fahrzeuge. [105]

Instrument:	Event-Marketing & Messen
Maßnahme:	Stände an Messen, Präsentationen,
Beispiel:	Internationale Automobil-Ausstellung und BMW Events
Information/ Zweck:	BMW veranstaltete exklusiv VIP Partys um den BMW i3 eindrucksvoll zu präsentieren. Rund 500 Gäste waren ge-laden und durften in der Niederlassung München dieses

---

[103] Vgl. Reidel; 2013; www.horizont.net
[104] Vgl. o. V.; 2016; www.bmw.de
[105] Vgl. o. V.; 2012; www.autokarma.de

Event erleben.[106]Auf der IAA 2013 wurde der BMW als
Highlight mit einem 30 Sekunden langer 3D Teaserfilm
vorgestellt.[107] Mehrere Fahrzeuge in verschiedenen Farben
wurden auf dem BMW Stand präsentiert. Wer wollte,
durfte auf der 300 Meter langen Fahrbahn, welche sich auf
drei Ebenen um den Stand ringte, mitfahren.[108]

Ziel der Kommunikationsaktivitäten des Münchener Fahrzeugherstellers ist es, Interessenten für eine Probefahrt und damit potentielle Kunden für das Automobil zu gewinnen. Erst durch das tatsächliche Fahrerlebnis, könne man das Fahrgefühl und die Freude daran nachvollziehen.[109]

3.3.2. Produktpositionierung

Produktpositionierung ist die Einordung eines Produktes an einem freien Platz unter Betrachtung der bereits am Markt positionierten Produkte. Eine gute Produktpositionierung soll eine signifikante Position am Markt und eine hohe Anzahl an potentiellen Käufern garantieren. Sie stellt außerdem das Fundament des Marketing-Mix dar.[110] Bezogen auf den BMW i3 haben Marktforschungsergebnisse der letzten drei Jahre gezeigt, dass BMW überwiegend für Dynamik steht, was in der Marktforschungssprache für eine extrem spitze Positionierung steht. Hier soll nachjustiert werden. BMW möchte nach wie vor, wie keine andere Marke, für „Freude am Fahren" stehen, aber zukünftig auch für Effizienz und Umweltfreundlichkeit. Man ist sich sicher, dass, das neue Premium in Zukunft über Nachhaltigkeit definiert wird.[111]

Mit den Themen: Entwicklung, Produktion, Nutzung und Recycling setzt BMW neue Maßstäbe, um sich nachhaltig Wettbewerbsvorteile zu sichern. Z. B. wird die benötigte Energie für die Produktion der Carbon-Fasern zu 100 % mit Wasserkraft und der Pro-

---

[106] Vgl. o. V.; o. J.; www.gessulat-gessulat.de
[107] Vgl. o. V.; 2013; www.effekt-etage.de
[108] Vgl. Eiling; 2013; www.autozeitung.de
[109] Vgl. Feist; 2016; www.bimmertoday.de
[110] Vgl. Prof. Dr. Markgraf; o. J.; www.wirtschaftslexikon24.com
[111] Vgl. Reithofer; o. J.; www.wiwo.de

duktionsstandort Leipzig zu 100 % mit Windkraft betrieben. Äußerlich setzt der BMW i3 auf die Verwendung von Materialien aus nachhaltigen Rohstoffen. Die Innenausstattung besteht aus Eukalyptusholz, welches durch nachhaltigen Holzanbau in Europa ressourcenschonend gewonnen wird. Eine Verarbeitung in Europa bedeutet kurze Lieferwege und sorgt ebenso für Nachhaltigkeit in der Produktionskette.[112] Das Produkt BMW i3 liegt zwischen den Positionierungsebenen emotional und informativ. Der Fahrzeughersteller möchte die urbane Positionierung des Automobiles weiter vorantreiben.

Der BMW i3 ist ein vollständiges Konzept für anhaltende und zukunftsweisende Elektromobilität. Es steht für Zukunftsfahrzeuge und Mobilitätsdienstleistungen, neues Design und ein neues Empfinden für Premiumqualität, welches sich über Innovationen und Nachhaltigkeit definiert. So soll der vollelektrische BMW i3, als emissionsfreies und nachhaltiges Fahrzeug den Stadtverkehr der Zukunft prägen.[113]

3.4. Distributionspolitik

Die Distributionspolitik umfasst definitionsgemäß alle Maßnahmen und Entscheidungen, die im Zusammenhang mit dem Weg, der angebotenen Produkte vom Unternehmen zum Kunden stehen.[114] Hierbei unterscheidet man zwischen direktem und indirektem Vertrieb, also der direkten oder indirekten Versorgung der Kunden mit den Unternehmensleistungen. Bei dieser Unterscheidung ist die Einbeziehung (oder Nicht-Einbeziehung) von Absatzmittlern, wie zum Beispiel Groß- und Einzelhändlern, oder Absatzhelfern, wie Vertretern und Maklern ausschlaggebend. [115]

Beim Direktvertrieb werden keine Absatzmittler eingebunden. Es besteht ein direkter Kontakt zwischen dem Unternehmen und dem Kunden.[116] Die Vorteile dieser Vertriebs-

---

[112] Vgl. o. V.; o. J.; www.bmw.de; S. 11
[113] Vgl. o. V.; o. J.; www.bmw.de
[114] Vgl. Vahs, Kunz; 2007; S. 588
[115] Vgl. Bruhn; 2016; S. 245
[116] Vgl. Vahs, Kunz; 2007; S. 589

form liegen in der Sicherung der vorgegebenen Beratungsqualität, der direkten Steuerung und Kontrolle der Vertriebsaktivitäten und in der direkten Einflussnahme auf den Endkunden. Zusätzlich bleibt die anfallende Handelsspanne beim Hersteller. Der Nachteil des direkten Vertriebs ist, dass das Unternehmen einer hohen Kapitaldichte bedarf, um durch eigene Verkaufsstellen ein flächendeckendes Vertriebssystem aufzubauen. Der Direktvertrieb bietet sich vor allem bei beratungsintensiven Produkten an.[117]

Der indirekte Vertrieb bindet eine oder mehrere Absatzstufen zwischen dem Hersteller und den Kunden ein. Die Einbindung der Anzahl der Absatzstufen bestimmt die Länge des Absatzweges:

- Der einstufig indirekte Vertrieb bindet nur einen Absatzmittler in den Absatzweg ein. Beispielsweise kaufen Einzelhändler beim Hersteller Ware und verkaufen diese dann an den Endkunden.
- Beim mehrstufig indirekten Vertrieb werden mehrere Absatzmittler im Distributionsweg eingebunden. So kann Ware vom Hersteller über den Großhandel zum Einzelhändler und von da zum Endkunden gelangen.[118]

Die Vorteile des indirekten Vertriebs sind, dass die Möglichkeit eines hohen Distributionsgrades mit großer Markabdeckung und schneller Expansion bestehen. Zusätzlich ist der indirekte Vertrieb flexibel und wenig Kapitalbindend. Als Nachteile sind der Kontrollverlust über die Distribution, den Einsatz von Marketinginstrumenten und die Beratungsqualität zu nennen. Außerdem entsteht für das Unternehmen eine Abhängigkeit zu seinen Absatzmittlern. Die nun aufgeführte Abbildung illustriert die vorangegangenen Ausführungen.

---

[117] Vgl. Bruhn; 2016; S. 252
[118] Vgl. Vahs, Kunz; 2007; S. 590

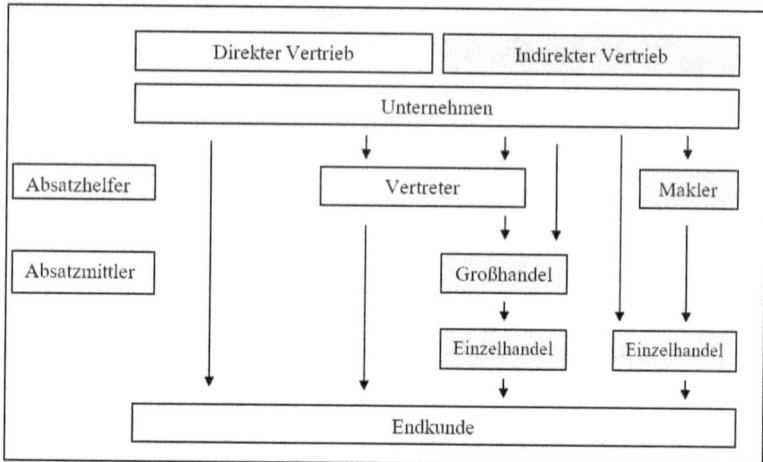

Abb. 11: Eigene Darstellung von direktem und indirektem Vertrieb auf Grundlage von Vahs, Kunz[119]

Der Verkauf von Produkten kann im Wesentlichen in drei Formen eingeteilt werden: den persönlichen Verkauf, auch Face-to-Face genannt, den (mediengestützten) distanz-persönlichen Verkauf und den (mediengestützten) unpersönlichen Verkauf.[120]

Der persönliche Verkauf zeichnet sich durch eine direkte Interaktion zwischen Käufer und Verkäufer aus. Der Verkäufer kann die Bedürfnisse des Käufers direkt erfragen und bei Bedarf Rückfragen stellen. Beispiele des persönlichen Verkaufs sind der stationäre Verkauf, der Verkauf auf Messen, aber auch Haustürgeschäfte durch Handelsvertreter, oder Außendienstverkäufe. Diese Verkaufsform ist besonders bei beratungsintensiven Produkten empfehlenswert.[121]

Der mediengestützte distanzpersönliche Verkauf zeichnet sich dadurch aus, dass es eine Interaktion zwischen Käufer und Verkäufer gibt, beide aber räumlich voneinander ge-

---

[119] Vahs, Kunz; 2007; S. 590
[120] Vgl. Bruhn; 2016; S. 262
[121] Vgl. Bruhn; 2016; S. 264

trennt sind. Das Verkaufsgespräch findet durch den Einsatz eines Mediums wie dem Telefon oder einer Videokonferenz statt.[122] Beim unpersönlichen Verkauf gibt es keinen direkten Verkauf zwischen dem Kunden und dem Verkäufer. Der Verkauf findet ausschließlich über ein Medium statt. Beispiele sind der Katalogversandhandel, der Online-Versandhandel, aber auch Automatenverkauf.[123]

	Persönlich	Distanzpersönlich	Unpersönlich
Direktvertrieb	x		
Indirekter Vertrieb	x		

Abb. 12: Darstellung der gewählten Vertriebsarten des BMW i3; eigene Darstellung

Die Markterschließung des BMW i3 findet im direkten und indirekten Vertrieb statt. Das Fahrzeug kann in Autohäusern der Muttergesellschaft oder bei Einzelhändlern wie BMW Euler gekauft werden.[124] Hier findet der persönliche Verkauf statt. Das Auto ist erklärungsbedürftig und die Bedürfnisse der etwas älteren Zielgruppe sollen so besser befriedigt werden. Da die Technologie des BMW i3 noch sehr neu ist und auch die Innovationen des Fahrzeugs hervorgehoben werden, können direkte Verkaufsgespräche zwischen Verkäufer und Käufer ein ausschlaggebendes Kriterium für den Kauf sein. Autos gehören zu den Produkten mit hoher Beteiligung (high involvement), also einem hohen gefühlten Kaufrisiko. Hier kann die persönliche Interaktion zwischen dem Verkäufer und dem Käufer das Risiko minimieren und einen Erfolg unterstützen.

Durch den Konfigurator auf der Internetseite von BMW kann man zwar vermuten, dass auch der distanzpersönliche Verkauf praktiziert wird, dies muss man allerdings relativieren. Der Kunde kann sich den BMW i3 nach seinen Wünschen zusammenstellen, zum Schluss wird aber nur ein unverbindliches Angebot, mit den gewünschten Pro-

---

[122] Vgl. Bruhn; 2016; S. 264
[123] Vgl. Bruhn; 2016; S. 265
[124] Vgl. o. V.; 2016; https://www.bmw.de

dukteigenschaften erstellt. Mit diesem Angebot kann man sich, über die Website, mit einem Autohaus in seiner Nähe in Verbindung setzen. Die Bestellung des Fahrzeugs und der Verkauf finden im Autohaus statt.[125]

Produkteinführung BMW i3

Erstmals präsentierten die Münchener Autobauer den i3 2013 der Weltöffentlichkeit in den Metropolen Peking, New York und London. Drei Großstädte, die weltbekannt und impulsiv sind und wo mehrere Millionen Menschen leben, die täglich zur Arbeit und zurückfahren möchten. Die Vorstandsvorsitzenden von BMW feiern den Launch als „den Anfang einer neuen Ära der Mobilität". Gleichzeitig rollen die Kampagnen in den Online und Printmedien an (siehe 3.3.2).[126] In Deutschland feiert der i3 seine Markteinführung auf der IAA.[127]

4. Fazit

Die Zielsetzung dieser Arbeit bildet die Beantantwortung der Frage, wie die Produktieinführung des BMW i3 im Jahr 2013 abgelaufen ist. Die Vorstellung des Produktes des Autos mit seinen Eigenschaften bildet hierfür die Grundlage. Der BMW i3 kann mit seinem neuartigen Antrieb und den im Fahrzeug verbauten Innovationen die Bedürfnisse der Nachhaltigkeit in Kombination mit hoher Reichweite befriedigen. Das Fahrzeug spricht hierbei eine Zielgruppe an, die auf Qualität setzt und diese auch bezahlen kann.

Der Mutterkonzern BMW ist auf dem Automobilmarkt als Qualitätsmarke etabliert. Hiervon kann die Tochtergesellschaft BMW i mit dem i3 profitieren und die Differenzierungsstrategie fortführen. Dies erlaubt einen höheren Preis, da der BMW i3 in der Kompaktklasse fast konkurrenzlos ist, die Differenzierungsstrategie einen hohen Preis aber auch fordert.

---

[125] Vgl. o. V.; 2016; www.bmw.de 2016
[126] Vgl. Reidel; 2013; www.horizont.de
[127] Vgl. o. V., o. J.; www.autozeitung.de

BMW i kann im Marketing auf die gesamte Palette des Mutterkonzerns zurückgreifen. Dies stellt sich besonders in der Kommunikationspolitik (siehe Kapitel 3.3) dar. Die Unternehmensbotschaft wird auf allen zur Verfügung stehenden Kanälen verbreitet, um schnell ein Bewusstsein für das Fahrzeug zu erzeugen. Die stetig steigenden Absatzzahlen verdeutlichen dies.

Insgesamt kann man aus der Untersuchung der Markteinführung des BMW i3 erkennen, dass die Fahrzeugeinführung seit 2013 ein Erfolg ist. Sowohl die bayrischen Motorenwerke als auch der Tochterkonzern BMW i können sich als innovativ und zeitgemäß positionieren und sind dem ein oder, wie inder Branchenanalyse dargestellt, anderen Konkurrenten in der Automobilbranchen inzwischen einen Schritt voraus. Auch die Tatsache, dass BMW vermeldet, dass die Technologie zukünftig in allen Modellen verbaut wird und ein Nachfolgemodell des BMW i3 geplant ist, zeigen, dass die Markteinführung sich gelohnt halt.[128]

---

[128] Vgl. o.V.; 2014; www.n24.de

IV. Literaturverzeichnis

➢ Bruhn, M.; Marketing: Grundlagen für Studium und Praxis; 13. Aufl.; Wiesbaden; Springer Fachmedien; 2016

➢ Decker, R., Kroll, F. Meißner, M., Wagner, R.; Marketing Eine Entscheidungsorientierte Einführung; Berlin Heidelberg; Springer-Verlag; 2015

➢ Klenger, F, Krautter, J.; Simulation des Käuferverhaltens Teil II.: Analyse eines Kaufprozesses; Wiesbaden; Betriebswirtschaftlicher Verlag Dr. Th. Gabler; 1972

➢ Meffert, H.; Marketing: Grundlagen marktorientierter Unternehmensführung. Konzepte - Instrumente – Praxisbeispiele; Wiesbaden; Gabler Verlag, Springer Fachmedien GmbH; 2011

➢ Meffert, H.; Marketing-Management. Analyse – Strategie – Implementierung; Wiesbaden; Betriebswirtschaftlicher Verlag Dr. Th. Gabler GmbH; 1994

➢ Poth, Ludwig G., Poth, Gudrun S., Pradel, M.; Gabler Kompakt-Lexikon. Marketing; 3. Aufl.; Wiesbaden; Betriebswirtschaftlicher Verlag Dr. Th. Gabler | GWV Fachverlage GmbH; 2008

➢ Ruhfus, R.E.; Kaufentscheidungen von Familien; Wiesbaden; Betriebswirtschaftlicher Verlag Gabler; 1976

➢ Vahs, D.; Schäfer-Kunz, J.; Einführung in die Betriebswirtschaftslehre; 5. Aufl.; Stuttgart; Schäffer-Poeschel Verlag für Wirtschaft, Steuern, Recht GmbH; 2007

V.   Flüchtige Quellen

➢ BMW   AG   München;   2016;
http://www.bmw.de/dam/brandBM/marketDE/countryDE/newvehicles/allfacts/catal
ogue/BMW_i3_Katalog.pdf?download.1424447309599.pdf

➢ Baltzer, S.; http://www.faz.net/aktuell/wirtschaft/wirtschaftspolitik/foerderung-von-
elektromobilitaet-in-norwegen-ist-fuer-elektroautos-sogar-der-strom-gratis-
12679293.html

➢ Brandtner,   M.;   2009;
http://www.markenlexikon.com/texte/pellets_brandtner_abheben_durch_differenzie
rung_06_2008.pdf

➢ Bekanntgabe der Bundesregierung vom 18. März 2016

➢ Dr.   Dallmer,   H;   2016;   http://wirtschaftslexikon.gabler.de/Definition/direct-
marketing.html

➢ Eiling, J.; 2013; http://www.autozeitung.de/auto-neuheiten/bmw-i8-i3-live-fotos-
iaa-2013-rundgang-elektro-hybrid-sportwagen-gn-402397

➢ Eling, E.; 2013; http://www.autozeitung.de/auto-neuheiten/bmw-i8-i3-live-fotos-
iaa-2013-rundgang-elektro-hybrid-sportwagen-gn-402397

➢ Feist, A.; 2016; http://www.bimmertoday.de/2016/08/04/bmw-i3-94ah-retrofit-
akku-update-interview/

➢ Hoeffner, J.; 2014, http://electrify-bw.de/stern-mit-stecker-elektromobilitaet-bei-daimler/

➢ Höffner, Jana; 2015; http://zoepionierin.de/elektroauto-ist-guenstiger-als-ein-verbrenner/; (16.12.2016).

➢ Köth, C.P.; 2013; http://www.automobil-industrie.vogel.de/hildegard-wortmann-zur-bmw-produktoffensive-a-404330/

➢ Kroher, T.; ADAC-Motorwelt 12/2016; 2016

➢ Mchnich, Markus; 2013; http://www.tagesspiegel.de/mobil/alternative-antriebe/vorstellung-bmw-i3-gekommen-um-zu-stromern/8920422.html; (16.12.2016).

➢ Napoleone, M.; 2013; http://www.automobil-industrie.vogel.de/hildegard-wortmann-zur-bmw-produktoffensive-a-404330/

➢ Nikitina, D.; 2014; https://www.press.bmwgroup.com/deutschland/article/detail/T0190570DE/bmw-i3-kampagne-wird-erweitert?language=de

➢ O. V., o.J.; https://www.renault-bank.de/ze/ze

➢ O. V.; 2009; https://www.bmbf.de/files/nationaler_entwicklungsplan_elektromobilitaet.pdf; (16.12.2016).

➢ O. V.; 2012; http://www.isi.fraunhofer.de/isi-de/service/presseinfos/2012/pri12-11_erstkaeufer-elektroautros.php

➢ O. V.; 2012; http://www.autokarma.de/allgemein/freude-an-den-spielen-bmw-als-sponsor-der-olympischen-spiele-2012/

➢ O.V.; 2013; BMW i3 Preisliste

➢ O. V.; 2013; http://www.effekt-etage.de/reference?ref=BMWi3IAATeaser

➢ O. V.; 2014; http://ww2.autoscout24.de/1401_elektropotenzial_autokaeuferpuls.pdf, puls Marktforschung GmbH

➢ O. V.; 2014; http://www.kba.de/SharedDocs/Publikationen/DE/Statistik/Fahrzeuge/FZ/2013/fz14_2013_pdf.pdf?__blob=publicationFile&v=4; (16.12.2016).

➢ O. V.; 2014; http://www.kba.de/SharedDocs/Publikationen/DE/Statistik/Fahrzeuge/FZ/2013/fz4_2013_pdf.pdf?__blob=publicationFile&v=4; (16.12.2016).

➢ O. V.; 2014; http://www.n24.de/n24/Nachrichten/Auto-Verkehr/d/5800002/bmw-zeigt-3er-prototyp-mit-plug-in-hybrid.html; (16.12.2016).

➢ O. V.; 2015; http://www.kba.de/DE/Statistik/Fahrzeuge/Neuzulassungen/Umwelt/2014/2014_n_umwelt_dusl_absolut.html; (16.12.2016).

➢ O. V.; 2016; http://www.bmw.de/de/neufahrzeuge/bmw-i/i3/2015/antrieb-technik.html; (16.12.2016).

➤ O. V.; 2016; BMW-Produktprospekt; Der BMW i3

➤ O. V.; 2016; http://www.bmw.de/de/neufahrzeuge/bmw-i/i3/2015/erleben.html

➤ O. V.; 2016; http://www.bmw.de/de/topics/faszination-bmw/sport-events/bmw-sport.html

➤ O. V.; 2016; http://www.greenpeace.de/presse/presseerklaerungen/greenpeace-studie-nachhaltigkeit-bewegt-die-jugend; (16.12.2016).

➤ O. V.; o. J.; http://www.gessulat-gessulat.de/referenzen/events/bmw/

➤ O. V.; o. J.; Umweltbewusstsein der jungen Generation wächst; http://www.energiezukunft.eu/umwelt/leben/umweltbewusstsein-der-jungen-generation-waechst-gn103821/; (16.12.2016)

➤ O. V.; o.J.; http://www.erene.org/web/glossar-fossile-energietraeger-237%20(1).html; (16.12.2016).

➤ O. V.; o.J.; http://www.wirtschaftslexikon24.com/e/kommunikations-mix/kommunikations-mix.htm

➤ O. V.; o.J.; https://www.absolventa.de/jobs/channel/marketing/thema/oeffentlichkeitsarbeit-definition

➤ O. V.; ohne Jahr; http://www.bmw.de/de/fastlane/finanzieren-versichern/bmw-i.html#leasing

- Prof. Dr. Bruhn, M.; 2016; http://wirtschaftslexikon.gabler.de/Definition/sponsoring.html
- Prof. Dr. Esch, F.R.; 2016; http://wirtschaftslexikon.gabler.de/Definition/lasswellsche-formel.html

- Prof. Dr. Esch, F.R; 2016; http://wirtschaftslexikon.gabler.de/Definition/event-marketing.html

- Prof. Dr. Esch, F.R; o. J.; http://wirtschaftslexikon.gabler.de/Definition/verkaufsfoerderung.html

- Prof. Dr. Markgraf, D.; o. J.; http://wirtschaftslexikon.gabler.de/Definition/produktpositionierung.html

- Prof. Dr. Schewe,G.: o. J.; http://wirtschaftslexikon.gabler.de/Definition/kommunikationspolitik.html

- Prof. Dr. Schulz; o.J.; http://wirtschaftslexikon.gabler.de/Definition/werbung.html

- Prof.Dr.Kirchgeorg, M.; 2016; www.wirtschaftslexikon.gabler.de

- Pudenz, K.; 2013; „Born electric ": BMW i3 Weltpremiere in New York, London und Peking; https://www.springerprofessional.de/automobil---motoren/batterie/born-electric-bmw-i3-weltpremiere-in-new-york-london-und-peking/6562128?searchBackButton=true&abEvent=detailLink; (16.12.2016)

- Reidel, M.; 2013; http://www.horizont.net/marketing/nachrichten/BMW-i-Weltpremiere-Schaulaufen-in-New-York-London-und-Peking-115881

➢ Reidel, M.; 2013; http://www.horizont.net/marketing/nachrichten/Elektromobilitaet-Wie-BMW-die-Kommunikation-fuer-den-i3-anlaufen-laesst-115888

➢ Reidel, M.; 2013; http://www.horizont.net/marketing/nachrichten/Elektromobilitaet-Wie-BMW-die-Kommunikation-fuer-den-i3-anlaufen-laesst-115888

➢ Reidel, M.; 2013; http://www.horizont.net/marketing/nachrichten/Elektromobilitaet-Wie-BMW-die-Kommunikation-fuer-den-i3-anlaufen-laesst-115888

➢ Reithofer; o.J.; http://www.wiwo.de/unternehmen/bmw-chef-reithofer-premium-wird-ueber-nachhaltigkeit-definiert-seite-3/5596252-3.html

➢ Seibt, T.; 2016; Marktübersicht Elektroautos 2016. Katalog: Diese E-Autos können Sie kaufen; http://www.auto-motor-und-sport.de/news/marktuebersicht-elektroautos-2016-katalog-9335259.html; (16.12.2016)

➢ Viehmann, S.; 2013; http://www.focus.de/auto/fahrberichte/tid-34037/tesla-leaf-golf-und-co-stromer-im-vergleich-tanken-fast-umsonst-das-sind-die-besten-elektroautos_aid_1125604.html

➢ Wiesinger, J.; 2013; BMW i3 – rein elektrisch fahren; http://www.kfztech.de/kfztechnik/alternativ/bmw_i3/bmw_i3.htm; (16.12.2016).

Lightning Source UK Ltd.
Milton Keynes UK
UKHW010759200721
387465UK00003B/947